PROGRAMMES

DES CONNAISSANCES EXIGÉES

Des Chefs de Bataillon, d'Escadrons ou Majors, des Capitaines et des Officiers d'Administration

PROPOSÉS

POUR ENTRER DANS LE CORPS DE L'INTENDANCE MILITAIRE

(Du 18 Mai 1905)

6ᵉ Édition mise à jour au 1ᵉʳ avril 1911

PARIS

HENRI CHARLES-LAVAUZELLE

Éditeur militaire

10, Rue Danton, Boulevard Saint-Germain, 118

PROGRAMMES

DES CONNAISSANCES EXIGÉES

Des Chefs de Bataillon, d'Escadrons ou Majors, des Capitaines et des Officiers d'Administration

PROPOSÉS

POUR ENTRER DANS LE CORPS DE L'INTENDANCE MILITAIRE

PROGRAMMES

DES CONNAISSANCES EXIGÉES

Des Chefs de Bataillon, d'Escadrons ou Majors, des Capitaines et des Officiers d'Administration

PROPOSÉS

POUR ENTRER DANS LE CORPS DE L'INTENDANCE MILITAIRE

(Du 13 Mai 1905)

3ᵉ Edition mise à jour au 1ᵉʳ avril 1911

PARIS

HENRI CHARLES-LAVAUZELLE

Éditeur militaire

10, Rue Danton, Boulevard Saint-Germain, 118

(MÊME MAISON A LIMOGES)

SOMMAIRE

OUVRAGES A CONSULTER

POUR LA PRÉPARATION DES EXAMENS

Pour l'admission dans le Corps de l'Intendance militaire

Tous ces ouvrages sont publiés par la **Librairie militaire Henri CHARLES-LAVAUZELLE, 118, boulevard Saint-Germain, rue Danton, 10, Paris.**

Sujets des compositions écrites données pour les concours d'admission dans le corps de l'Intendance militaire depuis 1831. — Brochure in-8° » 50

La France économique et l'armée, par l'intendant général DELAPERRIERRE, ancien élève de l'Ecole polytechnique, président du Comité technique de l'Intendance. — Fort volume grand in-8° de 612 pages avec 22 cartes, diagrammes ou graphiques............................. 12 »

Le but de ce volume est un examen approfondi des ressources que la France doit mettre en œuvre, qu'elles lui soient fournies par l'agriculture ou l'industrie nationales, ou qu'elles proviennent des rapports économiques du pays avec les nations étrangères. Trois chapitres principaux le composent.

Avant tout, il importait que chacun pût se pénétrer des règles générales qui régissent la production, la répartition et l'emploi des ressources ; c'est l'exposé des principes essentiels de *l'économie politique*.

Il fallait, en outre, afin de donner confiance dans les documents qui indiquent quelle est, sur chaque point, l'importance des divers produits, faire connaître au moyen de quelles enquêtes ces documents sont établis ; c'est l'étude de la *Statistique*.

Dès lors, il a été possible de présenter, pour les divers objets nécessaires à l'entretien de l'armée, l'exposé des ressources du pays, de les comparer à celles des nations voisines, et d'en tirer, au point de vue militaire, toutes conclusions utiles ; c'est la *Géographie économique*.

La France administrative et l'armée, par l'intendant général DELAPERRIERRE, ancien élève de l'Ecole polytechnique, président du Comité technique de l'Intendance. — 2 forts vol. grand in-8° de 560 et 752 pages.. 16 »

Cet ouvrage fait connaître les divers rouages de la vaste administration du pays et, particulièrement, expose le rôle et les attributions des personnels qui ont une part dans cette administration.

Ces personnels sont peu connus de l'armée, et cependant, à chaque instant, les militaires des divers grades peuvent avoir à entrer en relations avec tel ou tel d'entre eux.

Alimentation et ravitaillement des armées en campagne. *Cours d'administration en temps de guerre et de manœuvres,* professé à l'Ecole supérieure de guerre en 1896-1897, par M. PEYROLLE, sous-intendant militaire de 1re classe. — Volume in-8° de 622 pages, avec 30 dessins figuratifs et 20 tableaux récapitulatifs...................................... 10 »

Cet important travail résume dans un sens pratique les nombreux règlements et les instructions souvent manuscrites qui traitent de l'organisation administrative de nos troupes et services de campagne ; il vise notamment la constitution, la place et l'emploi des trains régimentaires, des convois administratifs, des boulangeries, des échelons de bétail, le fonctionnement du service des étapes, l'utilisation pour ce service si important des stations-magasins, des en-cas mobiles, des chemins de fer et canaux, des convois auxiliaires et éventuels.

Du contentieux administratif et de la jurisprudence du Conseil d'Etat spécialement en matières militaires, par le contrôleur général de 1re classe C. Crétin. — In-8º de 472 pages...................... 6 »

Méthodes de vérification des comptes des corps de troupes, par le sous intendant A. Adrian. — In-8º de 460 pages................... 6 »

Le suppléant du sous-intendant militaire, par le sous-intendant A. Adrian. — In-8º de 172 pages..................................... 4 »

Eléments de comptabilité et d'administration en temps de guerre et exposé des principales situations et prescriptions qui s'y rapportent. — In-8º de 56 pages.................................. 1 »

Guide pratique pour la vérification de l'administration des corps de troupes. (2e édition.) — In-8º de 104 pages...................... 1 50

Historique abrégé de l'administration des corps de troupes, par le sous-intendant G. Chausson. — In-8º de 110 pages.................. 1 50

Aide-mémoire des fonctionnaires de l'intendance en campagne, arrêté au 31 mai 1905. — In-12 de 216 pages............................ 2 50

Législation et administration militaires. *Exposé succinct et raisonné des connaissances exigées des capitaines et lieutenants concourant pour l'admission à l'Ecole supérieure de guerre et de celles indispensables à tous les officiers.* Volume in-8º de 494 pages........................ 6 »

L'Armée française : Organisation, par l'intendant général E. Delaperrierre, ancien élève de l'Ecole polytechnique.
2 vol. grand in-8º, 880 et 512 p. .... 16 »

L'Armée française — Administration, temps de paix, par l'intendant général Delaperrierre. ancien élève de l'Ecole polytechnique.
2 vol. grand in 8º, de 710 et 656 p. .... 16 »

Nouveaux Codes français et lois usuelles, civiles et militaires. Recueil spécialement destiné à l'armée. (15e mille). — Volume in-12 de 1210 pages, relié pleine toile gaufrée................................... 5 »
Ouvrage honoré d'une souscription du ministère de la guerre.

De la responsabilité civile et pénale des comptables des corps de troupe et des services administratifs de l'armée, par A. Bouchié de Belle, avocat au Conseil d'état et à la Cour de cassation, sous-intendant militaire de 3e classe du cadre auxiliaire. — Brochure in-8º de 56 pages.. ... 1 50

De la responsabilité civile des fournisseurs de l'armée, par A. Bouchié de Belle. avocat au Conseil d'état et à la Cour de Cassation, sous-intendant militaire de 3e classe du cadre auxiliaire. — Br. in-8º de 48 p. .... 1 »

Memento militaire. Répertoire analytique alphabétique des lois, décrets, décisions, circulaires, instructions concernant l'armée, insérés au *Bulletin officiel,* ou publiés sous la forme manuscrite à l'usage des services et établissements de la guerre, des états-majors, des corps de troupe de toutes armes et des administrations publiques, par J. Saumur, ✳, ✿, officier d'administration principal d'état-major (10e édition, revue, augmentée et mise à jour jusqu'au 25 mars 1907). — Vol. in-4º de 638 p., br., 10 »; relié pleine toile gaufrée.. 12 »

Cours d'administration à l'usage des candidats à l'Ecole d'administration militaire, par V. Lavaud. officier d'administration de 2e classe des services de l'état-major et du recrutement, à l'état-major du 4e corps d'armée. — Vol. in-8º de 254 pages........................... 5 »

Organisation de l'armée.

1re partie. **Organisation générale.** *Division du territoire. Places fortes. Défense des côtes. Etat-major général. Service d'état-major. Officiers d'administration des services d'état-major et du recrutement.* (Volume arrêté à la date du 1er octobre 1908.) In-8º de 404 pages, broché.............. 3 »

2e partie. **Cadres et effectifs.** *Dispositions générales. Troupes (armée active). Dispositions générales et dispositions particulières à chaque arme. Armée territoriale.* (Volume mis à jour des textes en vigueur jusqu'au 15 mars 1910.) In-8° de 600 pages, cartonné............................ 4 »

3e Partie. **Administration de l'armée.** *Établissements et services spéciaux destinés à assurer la défense du pays. Corps du contrôle de l'administration de l'armée. État-major particulier de l'artillerie. État-major particulier du génie. Service de l'intendance militaire. Service de santé. Service religieux. Vétérinaires militaires. Interprètes militaires. Recrutement et mobilisation. Affaires indigènes en Algérie et en Tunisie. Gendarmerie. Garde républicaine. Corps militaire des douanes. Corps des chasseurs forestiers. Auxiliaires indigènes employés en Algérie et en Tunisie. Musiques et fanfares. Cantinières-vivandières.* (3e édition mise à jour des textes en vigueur jusqu'au 15 octobre 1910.) In-8° de 502 p., cartonné........ 3 75

Loi du 21 mars 1905 sur le recrutement de l'armée. (4e édition, mise à jour jusqu'au 5 mai 1911.)— Brochure in-8° de 76 pages............ » 50

Dictionnaire du recrutement, contenant tout ce qui est relatif au recrutement, à l'administration des réserves et de l'armée territoriale et aux réquisitions (armées de terre et de mer), par J. SAUMUR, ✳, ⚜, officier d'administration principal d'état-major (4e édition, revue, augmentée et mise à jour jusqu'au 25 novembre 1906). — Volume in-8° de 1082 pages, broché, 10 »; relié toile.................................... 12 »

L'achat de cet ouvrage par les corps de troupe a été autorisé par décisions des 29 juin 1900 et 18 avril 1907 de M. le Ministre de la guerre et du 29 septembre 1900 de M. le Ministre de la marine. Il a été honoré de souscriptions des ministères de la guerre, de la marine et des colonies.

Lois, décrets, circulaires et instructions ministérielles relatifs aux **engagements volontaires** et aux **rengagements des sous-officiers, caporaux, brigadiers, soldats et marins** (armée de terre, troupes métropolitaines et troupes coloniales ; armée de mer, équipages de la flotte et armuriers de la marine, 12e édition mise à jour jusqu'au 15 octobre 1907. — Brochure in-8° de 198 pages...................................... 2 »

Dictionnaire de la France au point de vue militaire, mis en concordance avec la nouvelle répartition établie par la création du 20e corps, à l'usage des états-majors de corps d'armée, de division et de subdivision, des bureaux de l'intendance et du recrutement, des officiers comptables, des officiers de gendarmerie, des fonctionnaires de la marine, des bureaux militaires des préfectures, sous-préfectures et mairies, par H. PIERROT, capitaine au 81e régiment d'infanterie. — Volume in-4° de 76 pages. 2 »

État des officiers. — **Conseils d'enquête** (armée active, réserve, armée territoriale) (7e édition). — Brochure in-8° de 80 pages.............. 1 »

Recueil des ordonnances, décrets, décisions, circulaires, instructions, notes et modèles relatifs au **mariage des officiers,** par GENOUX, capitaine trésorier de gendarmerie (5e édition, annotée et mise à jour). — Brochure in-8° de 62 pages.................................... 1 25

Décorations. (Volume arrêté à la date du 15 novembre 1908.) 184 pages cartonné... 1 50

Emplois civils réservés aux officiers, par J. SAUMUR, ✳, ⚜, officier d'administration principal d'état-major, 3e édition. — Volume in-8° de 380 pages, relié pleine toile gaufrée, titre noir et rouge.......... 5 »
Ouvrage honoré d'une souscription du ministère de la guerre.

Emplois civils et militaires réservés aux engagés et rengagés de l'armée. Volume arrêté à la date du 31 janvier 1911. — Volume in-8° de 326 pages.. 2 50

Pensions militaires. (Volume arrêté à la date du 10 mai 1909.) 280 p. 2 25

Pensions et gratifications de réforme. (Volume arrêté à la date du 28 octobre 1907.) 44 pages.. » 50

Pensions et secours, par J. SAUMUR, ✳, ⚜, officier d'administration principal d'état-major. Recueil des lois, décrets, circulaires et décisions relatifs aux pensions militaires et aux pensions civiles, aux gratifications permanentes et renouvelables, aux secours permanents et éventuels, ainsi qu'aux secours accordés sur la Caisse des offrandes nationales, sur la Caisse de la Légion d'honneur, etc., etc. 2ᵉ édition. — Vol. in-8º de 500 p. 5 »

Instruction ministérielle du 27 août 1886, relative aux **demandes de secours,** modifiée le 1ᵉʳ août 1890. — Broch. in-32 de 64 pages...... » 50

Manuel des pensions de retraite des officiers, sous-officiers, brigadiers, caporaux, soldats ou gendarmes, **et des pensions aux veuves et secours aux orphelins,** avec tarifs, annotations, explications et tableaux (10ᵉ édition, annotée et mise à jour jusqu'en septembre 1910). — Brochure in-8º de 190 pages... 1 50

Code de justice militaire pour l'armée de terre (9 juin 1857). Annexes, formules, modèles et dispositions diverses (6ᵉ édition, mise à jour jusqu'au 1ᵉʳ septembre 1910), 312 pages, cartonné............................ 2 50

Loi du 8 juin 1893, relative aux **actes de procuration, de consentement et d'autorisation** dressés aux armées ou dans le cours d'un voyage maritime, et **loi du 8 juin 1893, portant modification de dispositions du Code civil** relatives à certains actes de l'état civil et **aux testaments** faits soit aux armées, soit au cours d'un voyage maritime. — Brochure in-8º.. » 30

Des actes conservatoires des intérêts civils des militaires aux armées. Lois du 8 juin 1893, relatives aux actes de procuration, de consentement et d'autorisation et aux testaments dressés aux armées, par L. RONCIN, attaché de 1ʳᵉ classe du cadre auxiliaire de l'intendance, licencié en droit. — Brochure in-8º de 28 pages............................... » 75

Loi sur l'administration de l'armée, promulguée le 16 mars 1882. Texte rectifié en vertu des dispositions de la loi du 1ᵉʳ juillet 1889 (autonomie complète du service de santé), (3ᵉ édition annotée). — Br. in-8º...... » 50

Décret du 10 février 1890, portant règlement pour l'exécution de la loi du 16 mars 1882, en ce qui concerne le **service de l'intendance militaire.** — Fascicule in-8º.. » 15

Instruction du 23 mars 1897, pour l'application du décret du 10 février 1890 portant règlement pour l'exécution de la loi du 16 mars 1882, en ce qui concerne le **service de l'intendance militaire.** — Volume in-8º de 120 pages, avec annexes, tableaux et modèles...................... 1 »

Décret du 25 novembre 1889, portant règlement sur le **service de santé de l'armée à l'intérieur.**

TEXTE à jour en mai 1908. Volume in-8º de 568 pages, cartonné..... 4 »

MODÈLES à jour au 31 décembre 1901. Volume in-8º de 614 pages broché 5 »
Relié toile.. 6 50

Règlement sur le service de santé en campagne (Volume arrêté à la date du 26 avril 1910). Volume in-8º de 100 pages................... 1 »

Comptabilité générale et marchés. Dispositions générales et diverses. (Volume arrêté à la date du 1ᵉʳ août 1903.) 152 pages, cart. 1 25

Comptabilité générale et marchés. Règlement du 3 avril 1869 et **instruction** pour l'application de ce **règlement** (texte). (Volume arrêté à la date du 1ᵉʳ août 1903.) 206 pages, cartonné.................... 1 50

MODÈLES. (Volume mis à jour jusqu'en février 1904.) 136 p., cartonné 1 25

Nomenclature des pièces à produire à l'appui des ordonnances ou mandats et **analyse du mode d'administration, de comptabilité et de payement** des divers services. (Volume arrêté à la date du 1ᵉʳ août 1903.) 250 pages, cartonné.. .... 2 »

Comptabilité générale et marchés. — **Marchés.** (Volume arrêté à la date du 6 juillet 1909.) 320 pages, cartonné.................................... 2 50

Comptabilité générale et marchés. — **Comptabilité des dépenses engagées** (arrêté au 15 septembre 1904.) 100 pages, cartonné......... 1 »

Comptabilité générale et marchés. — **Liquidation des dépenses.** (Volume arrêté à la date du 24 mars 1904.) 330 pages, cartonné....... 3 »

Règlement sur le casernement. Décret du 3 mars 1899 (à jour jusqu'en décembre 1908). 190 pages, cartonné............................... 1 50

Service de l'approvisionnement dans les corps et services. (Volume à jour à la date du 1er juin 1910.) In-8° de 178 pages, cartonné....... 1 50

Réquisitions (à jour au 1er octobre 1908), 152 pages, broché........... 1 50

Comptabilité générale et marchés. — **Dispositions spéciales aux comtes-matières.** (Volume mis à jour à la date du 1er septembre 1910.)

Texte. 240 pages, cartonné.. 2 »

Modèles. 330 pages, cartonné... 2 25

Tarifs de solde. Décret du 27 décembre 1890, mis à jour jusqu'en septembre 1910. — Volume in-8° de 190 pages, cartonné.................. 1 »

Service des subsistances militaires. — **Notices** concernant l'exécution des différentes branches de ce service.

Tome Ier comprenant les notices nos 1 à 9 inclus (à jour en décembre 1901), 680 pages, broché.. 5 »

Tome II comprenant les notices nos 10 à 18 inclus (à jour en octobre 1902), 800 pages, cartonné.. 6 »

Notice n° 8 sur la fabrication du biscuit de troupe. Notice n° 9 sur la fabrication du pain de guerre (28 février 1903). Annexe au volume n° 92, 90 pages, broché..................................... » 50

Solde et revues (Décret du 29 mai 1890).

Texte (à jour au 15 octobre 1909), 348 pages, cartonné.............. 2 50

Modèles (à jour en 1911). 408 pages, cartonné....................... 3 50

Décret du 22 janvier 1907, portant règlement sur le **service de l'habillement** dans les **corps de troupe (masse).** 300 pages, cartonné... 2 25

Règlement sur le service de l'habillement dans les écoles militaires (édition mise à jour des textes en vigueur jusqu'au 15 avril 1897). — Volume in-8° de 100 pages, avec tableaux, tarifs et modèles, broché. 1 25 relié pleine toile gaufrée.. 2 »

Service du harnachement dans les corps de troupe (à jour au 15 juin 1910). 242 pages, cartonné...................................... 3 »

Service du harnachement (masse) dans les corps de troupe de l'artillerie et du train des équipages militaires. (Volume arrêté au 15 juin 1907.) — 114 pages, cartonné....................................... 2 »

Mouvements et transports. — **Frais de déplacement des militaires isolés.** (Volume à jour à la date du 15 mai 1910.) In-8° de 336 pages. 2 50

Mouvements et transports. — **Mouvements de troupe à l'intérieur.** (Volume arrêté à la date du 15 juillet 1904.) 64 pages, cartonné.... » 60

Mouvements et transports. — **Organisation générale du service militaire des chemins de fer.** (Volume arrêté au 15 juillet 1904.) 64 pages, cartonné... » 25

Mouvements et transports. — **Transports par chemin de fer en temps de paix. Dispositions communes au personnel et au matériel.** Texte et modèles. (Volume arrêté à la date du 15 novembre 1907.) 158 pages, cartonné.. 1 25

TRANSPORTS MARITIMES.

Règlement du 3 janvier 1903 sur l'administration et la comptabilité des Écoles militaires. (Volume arrêté à la date du 3 janvier 1903.)
TEXTE. 134 pages, cartonné... 1 »

Comptabilité en campagne et service de l'habillement et du harnachement en temps de guerre, corps de troupes de toutes armes (à jour jusqu'en mai 1910). In-8º de 170 pages, cartonné............... 1 25

Remonte générale à l'intérieur. (Vol. arrêté à la date du 27 octobre 1902.)
In-8º de 322 pages.. 2 50

Remonte des officiers. (Volume arrêté à la date du 24 juin 1910.)
94 pages, cartonné... » 80

Règlement sur le service intérieur des corps de troupe, approuvé par le Ministre de la guerre le 25 mai 1910. In-12 de 164 p.; cartonné... 1 25
Relié toile.. 1 75

Décret du 7 octobre 1909 portant règlement sur le service de place. In-32 de 236 pages, cartonné.............................. 1 »
Retié toile... 1 25

Décret du 28 mai 1895 portant règlement sur le **service des armées en campagne** (20ᵉ édition, 1910. — Volume in-32 de 262 p., cartonné. 1 »
Relié pleine toile gaufrée.. 1 25

Notions de topographie à l'usage des candidats à l'Ecole spéciale militaire de Saint-Cyr, par L. DE BONNEVAL, capitaine d'infanterie hors cadres, professeur adjoint de topographie à l'Ecole spéciale de Saint-Cyr. — Volume in-18 de 100 pages, avec 53 figures et 3 planches hors texte. 2 »

Cours de topographie élémentaire à l'usage des élèves de Saint-Maixent, des candidats à cette école, à celles de Saumur et de Saint-Cyr, par Emile ESPÉRANDIEU, O. I. 🎖. ex-professeur de topographie et de géographie à l'Ecole militaire d'infanterie, correspondant du ministère de l'instruction publique (3ᵉ édition). — Volume in-18 de 284 pages, avec 289 figures, tableaux et cartes... 5 »
Ouvrage récompensé d'une médaille de 1ʳᵉ classe par la Société de Topographie de France.

Topographie. Cours préparatoire du ministère de la guerre, avec figures dans le texte, tableaux et cartes. — Vol. in-18 dé 182 p . cartonné.. 2 »

Cours de topographie, à l'usage des officiers et sous-officiers de toutes armes (armée active, réserve, armée territoriale), ouvrage rédigé conformément aux programmes officiels, par A. LAPLAICHE, ancien professeur de l'Université (6ᵉ édition). — 2 vol. in-32, reliés pleine toile gaufrée... 1 50

Géologie et topographie, étude des renseignements fournis à la géologie et de leur application à la topographie, par Ernest DELAPORTE, secrétaire adjoint de la Société nationale de Topographie, professeur à l'Association polytechnique. — Vol. in-32 de 56 p. » 50; relié pleine toile gaufrée.. » 75

Guide pratique pour la lecture et le mode d'emploi de la carte d'état-major, par le commandant ESPÉRANDIEU, O. I. 🎖, ex-professeur de topographie à l'Ecole militaire d'infanterie. — Volume in-18 de 68 pages, avec 6 planches et 58 figures... » 75

Manuel équestre de MM. les officiers d'infanterie, d'après la circulaire du 22 mai 1900 du général de Galliffet, ministre de la guerre.
Volume in-18 de 126 pages.. 2 »

De l'étude des langues, par Albert MICHEL, lieutenant à la garde républicaine, 🎖, chargé d'un cours de langue allemande à la garde républicaine, membre de la Société de linguistique de Paris et de la Société pour la propagation des langues étrangères en France. — Volume in-8º de 192 pages, avec 16 tableaux et 9 cartes..................................... 5 »
Ouvrage honoré d'une souscription du ministère de la guerre et du conseil municipal de Paris.

Guide militaire et vocabulaire pratique franco-russe avec la prononciation russe figurée par des sons français, à l'usage des armées de terre et de mer et de la jeunesse des écoles, par Michel KANNER, professeur aux lycées Louis le Grand et Charlemagne. — Volume in-32 de 304 pages, relié pleine toile gaufrée... 2 50

Canevas étymologique du vocabulaire allemand, par le commandant G. RICHERT, professeur d'allemand à l'Ecole supérieure de guerre. — Volume grand in-8º jésus, de 408 pages, relié pleine toile gaufrée. 5 »

Termes militaires français-anglais (*French and english military terms*), par Albert SEPTANS, colonel breveté de l'infanterie coloniale, et Victor SCHMID, professeur d'anglais au lycée de Brest, avec une préface de M. Albert RAMBAUD, membre de l'Institut, ancien ministre de l'instruction publique. — Volume in-8º de 246 pages.................................. 4 »

Vocabulaire de la langue parlée dans les pays barbaresques, coordonné avec le Koran, par le cheikh SI HABIL KLARIN M'TA EL CHOTT. — Volume in-18 de 530 pages.. 6 »

Petit dictionnaire français-malgache, précédé des principes de grammaire hova et suivi des phrases et expressions usuelles, d'après les grammaires des Pères missionnaires Weber, Ailloud, de la Vaissière, de MM. Marin de Marre et Froger, par Paul SARDA, ancien fonctionnaire colonial (2ᵉ édition, revue et corrigée). — Volume in-13 de 234 pages, relié toile... 2 50

Petit dictionnaire malgache français, par Paul SARDA, ancien fonctionnaire colonial. — Vol. in-32 de 184 pages, relié pleine toile gauffrée. 2 50

Eléments de grammaire de la langue fon ou dahoméenne, suivis d'un vocabulaire et d'un recueil de conversations, par A. BONNAVENTURE, lieutenant d'infanterie de marine. Ouvrage dédié à M. le général Dodds, inspecteur général d'infanterie de marine. — Brochure in-8º de 72 pages.. 2 »

L'achat de cet ouvrage a été autorisé sur les fonds de la masse générale d'entretien (2ᵉ portion) par M. le Ministre de la marine en date du 9 février 1895.

Etude sur l'organisation du personnel administratif de quelques armées étrangères: Espagne. Grande-Bretagne, Etats-Unis, par AUDIBERT, adjoint à l'intendance militaire. — Brochure in-8º de 48 pages. 1 »

Le catalogue général de la Librairie militaire est envoyé gratuitement à toute personne qui en fait la demande à l'éditeur Henri CHARLES-LAVAUZELLE, 118, boulevard Saint-Germain, rue Danton, 10, Paris.

INSTRUCTION

RÉGLANT LES

CONDITIONS D'ADMISSION DANS LE CORPS DE L'INTENDANCE

(Application du décret du 14 février 1905).

Paris, le 13 mai 1905.

Les épreuves du concours d'admission dans le corps de l'intendance ont lieu annuellement à Paris; sauf pour les candidats au grade de sous-intendant de 2ᵉ classe, elles sont divisées en deux séries.

Pour les candidats au grade d'adjoint à l'intendance, les deux séries sont séparées par un stage.

Pour les candidats au grade de sous-intendant de 3ᵉ classe, les deux séries se suivent immédiatement.

Nul ne peut être autorisé plus de trois fois à se présenter au concours, soit pour le grade d'adjoint, soit pour les grades de sous-intendant de 3ᵉ classe et de 2ᵉ classe.

CANDIDATS AU GRADE D'ADJOINT A L'INTENDANCE.

ADMISSION AU CONCOURS.

Les officiers, qui désirent prendre part au concours, formulent une demande qui, revêtue de l'avis de leurs chefs hiérarchiques, doit parvenir au général commandant le corps d'armée, au plus tard, le 1ᵉʳ juin.

Le général commandant le corps d'armée s'assure, par les moyens qu'il juge convenable d'employer et par l'examen des feuillets du personnel, que les candidats réunissent toutes les conditions nécessaires pour entrer dans l'intendance, et, notamment, qu'ils possèdent une connaissance suffisante de l'équitation pour prendre part honorablement à l'épreuve sur cette matière, qu'ils auront à subir à Paris. Tout candidat qui ne répond pas à cette dernière condition est spécialement signalé.

Le général commandant établit un état de présentation, conforme au modèle ci-joint (1), et l'envoie au Ministre (5e Direction, 1er Bureau) accompagné d'une copie certifiée du feuillet complet du personnel de l'intéressé.

Les états de présentation doivent parvenir le 15 juin au Ministre, qui fait informer les candidats de la décision prise à leur égard.

ÉPREUVES DE LA 1re SÉRIE.

Les épreuves de la 1re série commencent le 1er août (le 2 si le 1er est un dimanche); elles sont subies devant une commission composée ainsi qu'il suit :

Un général de division. . . . . *président;*
Un intendant militaire. . . . .)
Deux colonels ou lieutenants-colonels. . . . . { *membres;*
Un sous-intendant de 1re ou de 2e classe. . . . . . .)
Un sous-intendant de 2e ou de 3e classe, *secrétaire rapporteur*, n'ayant pas voix délibérative.

Avec l'appréciation des services militaires, ces épreuves décident de l'admissibilité au stage et forment la base d'un premier classement par ordre de mérite. L'admission au stage a lieu, d'après ce classement, jusqu'à concurrence du nombre fixé par le Ministre, en raison des vacances prévues, de sorte que tous les stagiaires soient assurés de leur nomination dans l'intendance, après avoir satisfait aux épreuves ultérieures.

Les épreuves de la 1re série comprennent :

1° Une première composition écrite, dont le sujet est tiré de l'une ou l'autre partie du programme A, qui fait suite aux présentes dispositions;

2° Une seconde composition écrite, dont le sujet est tiré exclusivement de la deuxième partie du même programme;

3° Un premier examen oral, sur des questions tirées de la première partie du programme A;

---

(1) Modèle n° 48 annexé à l'instruction sur le service courant.

4° Un second examen oral, sur des questions tirées de la deuxième partie du même programme;

5° Une épreuve d'équitation.

Le temps accordé, pour la rédaction de chacune des compositions écrites, est de cinq heures.

Les candidats signent leur composition, sous cachet, dans un angle de la feuille, de manière que leur nom ne soit connu qu'après correction et appréciation de la composition.

Pour chaque examen oral, le candidat tire au sort deux questions et dispose d'une demi-heure pour préparer son interrogation; il développe ces deux questions pendant vingt minutes, et dix autres minutes sont consacrées à des interrogations de détail, au choix de la commission.

L'épreuve d'équitation a lieu devant la commission, assistée d'un officier écuyer.

Toutes les épreuves, ainsi que l'appréciation des services militaires, reçoivent une note comprise entre 0 et 20.

L'échelle de notation est la suivante :

Nul.	0
Très mal.	1, 2
Mal.	3, 4, 5
Faible.	6, 7, 8
Passable.	9, 10, 11
Assez bien.	12, 13, 14
Bien.	15, 16, 17
Très bien.	18, 19
Parfait.	20

L'épreuve d'équitation est éliminatoire pour les candidats qui n'ont pas obtenu, au moins, la note 8; cette épreuve commence la série des examens; elle n'entre pas en ligne de compte pour la détermination du nombre des points.

Tout candidat qui n'a obtenu que la note 3 ou au-dessous de 3, sur une partie quelconque autre que l'équitation, est éliminé de droit.

Les coefficients attribués aux divers éléments d'appréciation sont ainsi fixés :

1re composition écrite.	15
2e composition écrite.	15
1er examen oral.	15
2e examen oral.	20
Appréciation des services militaires.	15
TOTAL	80

Nul ne peut être déclaré admissible s'il n'a obtenu, au moins, 1.120 points.

ORGANISATION DU STAGE.

Les officiers admis au stage sont détachés de leur corps ou service respectif et réunis à Paris, sous la direction du président du comité technique de l'intendance, pour y suivre des cours spéciaux d'ordre technique et professionnel. Le stage a une durée de quinze mois, du commencement d'octobre à la fin du mois de décembre de l'année suivante.

Les sous-intendants employés dans le gouvernement militaire de Paris, l'ingénieur du service de l'intendance et, s'il y a lieu, d'autres personnes désignées par le Ministre sont chargés de conférences théoriques et pratiques sur les matières ressortissant à leurs attributions ou à leur compétence spéciale. Cet enseignement est accompagné de travaux d'étude et d'interrogations.

Les stagiaires sont inscrits à l'Ecole libre des sciences politiques; ils y suivent un certain nombre de cours, dont la liste est arrêtée, chaque année, de concert avec le directeur de l'Ecole, et subissent, sur les matières de ces cours, des examens spéciaux.

Ils suivent un cours d'équitation.

Les officiers ne sont pas montés pendant la durée du stage; ceux qui étaient détenteurs de chevaux les réintègrent ou s'en défont, dès qu'ils reçoivent l'avis officiel de leur admission.

Dès l'admission des officiers au stage, les autorités dont ils relèvent adressent leur dossier général complet au président du comité technique de l'intendance, chargé de mentionner, sur ce dossier, les notes obtenues à l'issue du stage, et de le transmettre au directeur de l'intendance, sous les ordres de qui sont placés les officiers nommés dans l'intendance.

Les officiers stagiaires reçoivent leur solde au titre du corps ou du service auquel ils appartiennent.

ÉPREUVES DE LA 2ᵉ SÉRIE.

Les épreuves de la 2e série sont subies devant une commission composée de : deux intendants militaires, trois colonels, un sous-intendant, secrétaire rapporteur, n'ayant pas voix délibérative, sous la présidence du président du comité technique de l'intendance.

La commission se divise en sous-commissions, auxquelles sont adjoints les conférenciers pour les questions relatives à leur enseignement, l'officier instructeur pour l'épreuve d'équitation, et des officiers désignés spécialement à cet effet pour l'examen sur les langues étrangères.

Les épreuves embrassent toutes les matières enseignées au cours du stage. Elles se composent de trois examens oraux portant, chacun, sur une des trois grandes divisions de l'enseignement : 1° administration générale et administration militaire en temps de paix; 2° services techniques; 3° administration en temps de guerre.

Le président du comité prépare, pour ces examens oraux, un questionnaire, dans lequel les questions sont groupées deux à deux, par numéro de tirage au sort.

Chaque examen oral a une durée d'une demi-heure; le candidat dispose librement des vingt premières minutes pour traiter les deux questions qu'il a tirées au sort; les dix autres minutes sont consacrées aux interrogations de détail, au choix de la sous-commission. Les résultats sont consignés dans les procès-verbaux des sous-commissions.

Enfin, les candidats sont autorisés à subir un examen sur les langues étrangères (allemand, anglais, arabe, espagnol, italien, russe). Cette épreuve, facultative, n'entre en ligne de compte, pour la détermination du nombre des points, que si la note obtenue est égale, au moins, à 10 pour chaque langue.

Les coefficients sont les suivants :

1ᵉʳ examen oral	60
2ᵉ examen oral	40
3ᵉ examen oral	50
Examen d'équitation	2
Aptitude générale	3
TOTAL	155

Langues étrangères :

Allemand	5
Anglais, arabe, espagnol, italien, russe	2

CLASSEMENT DÉFINITIF.

Le classement définitif est obtenu en tenant compte :

1° Des notes d'admission au stage;

2° Des notes affectées à la 2ᵉ série des épreuves, y compris, s'il y a lieu, celles afférentes aux langues étrangères ;

3° Des notes obtenues aux interrogations de fin de cours, à l'École libre des sciences politiques, et dont le total des coefficients est 75; la répartition de ce total entre les diverses matières est arrêtée, chaque année, par le Ministre;

4° Des notes obtenues pendant le stage aux interrogations, rapports et travaux d'étude, dont le total des coefficients, arrêtés, chaque année, par le Ministre, est 125.

Tout stagiaire, qui n'a pas obtenu la note moyenne 14 pour l'ensemble des épreuves, ou qui n'a obtenu que la note 8 ou au-dessous de 8, sur une partie quelconque, est éliminé de droit et renvoyé à son corps ou à son service.

Une feuille spéciale, en double expédition, établie au nom de chaque stagiaire, relate ses notes successives. Arrêtée à la fin de novembre, en ce qui concerne les résultats déjà acquis, cette feuille est placée, au moment des épreuves de la 2ᵉ série, sous les yeux des membres des sous-commissions ; elle est ensuite complétée par les résultats de ces épreuves et par l'indication du classement définitif. Les deux expéditions sont adressées au Ministre, l'une pour être classée au dossier personnel du stagiaire, à l'administration centrale, l'autre pour être transmise au directeur de l'intendance sous les ordres de qui il est placé après sa nomination.

En même temps que les feuilles spéciales et les procès-verbaux des sous-commissions, accompagnés des feuilles de notes de chaque examinateur aux épreuves de la 2ᵉ série, le président du comité adresse au Ministre le procès-verbal constatant le classement général.

NOMINATION.

Les stagiaires définitivement admis après les épreuves de la 2ᵉ série sont nommés par décrets échelonnés, s'il y a lieu, de manière à leur faire prendre rang dans l'ordre du classement. Si les vacances dans le grade d'adjoint sont insuffisantes pour permettre la nomination de tous les stagiaires en une seule promotion, ceux qui ne sont pas compris dans la promotion sont affectés au service de l'intendance, en qualité de stagiaires, et envoyés dans les corps d'armée où ils seront appelés à servir comme adjoints à l'intendance (1).

En cas de mobilisation, les stagiaires sont nommés, sans nouveaux examens, dans le corps de l'intendance. Ils prennent rang entre eux dans l'ordre du classement résultant des épreuves de la 1ʳᵉ série, et des notes obtenues dans les travaux exécutés ou interrogations subies depuis le commencement du stage.

CANDIDATS AU GRADE DE SOUS-INTENDANT DE 3ᵉ CLASSE.

ADMISSION AU CONCOURS.

L'établissement des demandes et des états de présentation a lieu dans les mêmes conditions que pour les candidats au grade d'adjoint, mais les demandes doivent être adressées au général commandant le corps d'armée, le 1ᵉʳ octobre, au plus tard, et les états de présentation doivent parvenir au Ministre le 15 octobre.

---

(1) Nouvelle rédaction. Circulaire du 4 décembre 1907, *B. O.*, p. 1712.

DATE DES ÉPREUVES.

Les épreuves de la 1re séric commenceront le 20 novembre de chaque année (le 21, si le 20 est un dimanche); elles décident de l'admissibilité aux secondes épreuves qui ont lieu à partir du 1er décembre.

ÉPREUVES DE LA 1re SÉRIE.

Les épreuves de la 1re série comprennent :

1° Une première composition écrite, dont le sujet est tiré du programme A;

2° Une seconde composition écrite, dont le sujet est tiré du programme B;

3° Un premier examen oral sur la première partie du programme A;

4° Un second examen oral sur le chapitre Ier de la deuxième partie du même programme;

5° Une épreuve d'équitation dans les mêmes conditions que pour les candidats au grade d'adjoint.

Les coefficients attribués à ces diverses épreuves sont les suivants :

1re composition écrite.	15
2e composition écrite.	15
1er examen oral.	15
2e examen oral.	20
Total	65

Sont seuls admissibles aux épreuves de la 2e série, les candidats qui ont obtenu au minimum 910 points.

ÉPREUVES DE LA 2e SÉRIE.

Les épreuves de la 2e série comprennent quatre examens oraux portant, les trois premiers, sur chacune des parties du programme B ; le quatrième, sur le programme C.

Aux notes afférentes à ces épreuves s'ajoute une note d'appréciation des services militaires.

Les coefficients attribués aux notes sont les suivants :

1er examen oral.	50
2e examen oral.	40
3e examen oral.	30
4e examen oral.	20
Appréciation des services militaires.	15
Total	155

CLASSEMENT.

La liste de classement est établie en ajoutant les points obtenus dans les épreuves des deux séries; elle est arrêtée par le Ministre.

Y sont seuls inscrits les candidats qui ont obtenu 3.080 points au minimum pour l'ensemble des épreuves. Cette liste est valable jusqu'au 20 novembre de l'année suivante exclusivement; les officiers qui y figurent ont droit, dans l'ordre de leur classement, à toutes les vacances revenant au 5ᵉ tour et ouvertes par radiation des contrôles avant cette date.

NOMINATION.

Les candidats figurant sur la liste arrêtée par le Ministre, comme il est dit ci-dessus, sont nommés au fur et à mesure des vacances et envoyés aussitôt dans un poste de sous-intendant militaire. En attendant cette nomination, ils continuent leurs fonctions dans leur arme ou service.

CANDIDATS AU GRADE DE SOUS-INTENDANT DE 2ᵉ CLASSE.

ADMISSION AU CONCOURS.

Les demandes et les états de présentation sont établis comme pour les candidats au grade de sous-intendant de 3ᵉ classe et aux mêmes dates.

ÉPREUVES.

Les épreuves commencent en même temps que celles imposées aux candidats au grade de sous-intendant de 3ᵉ classe.

On doit tenir particulièrement compte aux candidats au grade de sous-intendant de 2ᵉ classe de l'expérience qu'ils ont acquise pendant leur carrière, et exiger d'eux la preuve qu'ils sont en mesure de diriger immédiatement une sous-intendance, non en faisant montre d'une culture générale étendue et d'une étude théorique approfondie des matières des programmes, mais en justifiant qu'ils sont préparés par le jugement et l'observation aux fonctions pour lesquelles ils se présentent.

Dans cet ordre d'idées, les épreuves comprennent :

1º Une épreuve d'équitation, dans les mêmes conditions que pour les candidats aux grades d'adjoint et de sous-intendant de 3ᵉ classe;

2º Une composition écrite sur un sujet, d'ordre général, choisi dans la deuxième partie du programme A, et portant sur la législation et l'administration militaires;

3º La rédaction d'un rapport sur une affaire dont le dossier est communiqué aux candidats, avec autorisation de consulter les règlements et le *Bulletin officiel* du ministère de la guerre;

4° Deux examens oraux portant, au point de vue pratique, sur des cas concrets se rattachant aux diverses parties des programmes A et B ou constituant une application de ces programmes.

Aux notes afférentes à ces épreuves s'ajoute une note d'appréciation des services militaires.

Les coefficients attribués aux notes sont les suivants :

Composition écrite.	15
Rédaction.	15
Examen oral. { sur le programme A.	15
{ sur le programme B.	15
Appréciation des services militaires.	20
Total.	80

CLASSEMENT.

La liste de classement est arrêtée par le Ministre. Y sont seuls inscrits les candidats ayant obtenu 1.120 points, au minimum, pour l'ensemble des épreuves. La liste reste valable dans les mêmes conditions que pour le grade de sous-intendant de 3ᵉ classe.

NOMINATION.

Mêmes dispositions que pour le grade de sous-intendant de 3ᵉ classe.

Le Ministre de la guerre,
Maurice BERTEAUX.

PROGRAMME A.

Ire PARTIE.
INSTRUCTION GÉNÉRALE.

CHAPITRE Ier.
DROIT PUBLIC.

I. — Droit constitutionnel.

Constitution de la France. — Historique sommaire des constitutions de la France depuis 1789. — Principe de la séparation des pouvoirs. — Lois constitutionnelles et lois organiques.

Pouvoir législatif. — Sénat, Chambre des députés, élections, attributions générales et particulières.— Des lois, caractère, proposition, vote, promulgation, interprétation, abrogation.

Pouvoir exécutif. — Président de la République, élection, attributions. — Des ministres, nomination, attributions.

Pouvoir judiciaire. — Organisation.

II. — Droit administratif.

Autorités administratives. — Administration générale. — Rôle administratif du Président de la République. — Ministres.— Organisation générale des ministères. — Conseil d'Etat, organisation, attributions. — Administration départementale. — Préfet, Conseil général, commission départementale. — Attributions administratives des conseils de préfecture. — Sous-préfet. — Conseil d'arrondissement.

Administration communale. — Maire et adjoints. Conseil municipal.

Matières administratives. — Domaine public et domaine privé de l'Etat. — Vente des biens de l'Etat. — Baux et locations des biens de l'Etat. — Dispositions spéciales au domaine militaire.

Impôts. — Notions générales et divisions. — Impôts directs. — Impôts indirects. — Impôts de quotité. — Impôts de répartition. — Droits d'enregistrement.

Cadastre.

Douanes. — Contributions diverses et taxes assimilées. — Octrois.

Des cas et des formes de l'expropriation pour cause d'utilité publique : principes généraux.

Contentieux administratif. — Décisions ministérielles en matières contentieuses. — Tribunaux administratifs. — Conseil de préfecture. Conseil d'Etat. — Procédure et compétence. — Conflits. — Tribunal des conflits.

Notions sur les dispositions spéciales à l'Algérie. — Organisation administrative de l'Algérie. — Territoires civils. — Territoires militaires. — Organisation judiciaire.

Cour des Comptes. — Organisation. — Attributions.

CHAPITRE II.

DROIT PRIVÉ.

I. — Droit civil.

De la publication, des effets et de l'application des lois en général.

De la jouissance et de la privation des droits civils.

Des actes de l'état civil.

Notions sommaires sur les titres III à XI du livre Ier du Code civil.

Notions sommaires sur le livre II du Code civil.

Des contrats ou des obligations conventionnelles en général et des obligations qui se forment sans convention.

De la vente, de l'échange et du prêt.

Du contrat de société.

Du mandat.

Du cautionnement, des privilèges et des hypothèques.

Notions sommaires sur les titres II, V, VIII, XI, XV et XX du livre III du Code civil.

II. — Notions de législation industrielle et commerciale.

Législation industrielle.

Brevets d'invention. — Marques de fabrique. — Dessins. — Répression des fraudes ou de la contrefaçon.

Chambres de commerce.

Des consulats au point de vue commercial.

Juridictions spéciales au commerce.

Conseils de prud'hommes : organisation ; compétence.

Tribunaux de commerce : organisation ; compétence.

Des marchands. — Des fabricants. — Des commissionnaires.

Des courtiers. — Courtiers inscrits.

Commerce intérieur et extérieur.

Douanes. — Entrepôts. — Transit. — Admission temporaire.
Livres de commerce.
Des sociétés de commerce.
Des effets de commerce.
Des banquiers.
Banque de France.
Des agents de change.
Magasins généraux. — Récépissés. — Warrants.
Transport des marchandises. — Transports intérieurs. — Transports maritimes.
Liquidation judiciaire. — Faillite. — Banqueroute. — Réhabilitation.

III. — Du droit criminel.

Des contraventions, des délits, des crimes.
Notions générales sur les peines et leurs effets.

CHAPITRE III.

NOTIONS D'ÉCONOMIE POLITIQUE.

Agents de la production. — Travail. — Capital.
Echanges. — Ventes. — Prêt. — Valeur. — Prix. — Monnaie. — Crédit. — Banques.
Magasins généraux. — Monts-de-piété.
Propriété. — Rente. — Revenu. — Salaire. — Profit. — Intérêt. — Fermage. — Métayage.
Socialisme. — Patronage. — Coopération. — Syndicats.
Assurances. — Caisses d'épargne. — Caisses de prévoyance.
Consommation des richesses. — Impôt. — Emprunt.
Rôle économique de l'Etat. — Libre échange. — Protection.

CHAPITRE IV.

NOTIONS DE STATISTIQUE ET DE GÉOGRAPHIE ÉCONOMIQUE.

But et objet de la statistique. — Lois statistiques.
Organisation et méthodes de la statistique.
Régions agricoles de la France, leurs caractères différentiels, leurs productions principales.
Production générale de la France en céréales, plantes fourragères et animaux de boucherie. — Centres de culture ou d'élevage.
Rapports entre la production et la consommation.
Production générale à l'étranger.
Production du sel et du sucre en France et à l'étranger.
Importation et exportation.

Groupes de production de café. — Importation.
Culture de la vigne en France. — Régions vinicoles.
Centres de production, en France et à l'étranger, de la laine, du coton, du lin et du chanvre. — Centres de fabrication, en France, des draps et des toiles.
Importance forestière et minière de la France.
Industrie des cuirs.

IIe PARTIE.
INSTRUCTION MILITAIRE.

CHAPITRE Ier.
LÉGISLATION SPÉCIALE A L'ARMÉE.

I. — Constitution de l'armée.

Recrutement, rengagements et commissions.
Organisation militaire du territoire.
Composition de l'armée.
Organisation du ministère de la guerre.

II. — Institutions militaires.

État des officiers.
Récompenses militaires : avancement, décorations, emplois civils, pensions, gratifications et secours.
Justice militaire.

III. — Dispositions diverses.

Condition civile et politique des militaires.
Actes de l'état civil aux armées.
Actes conservatoires des intérêts civils des militaires.

CHAPITRE II.
ADMINISTRATION MILITAIRE DU TEMPS DE PAIX.

Les candidats doivent s'attacher à bien connaître l'esprit des institutions et le fonctionnement général des services. La connaissance complète du détail administratif n'est pas exigée.

I. — Organisation de l'administration de l'armée.

Règles fondamentales de l'administration de l'armée.
Organisation et attributions du corps du contrôle, du corps de

l'intendance militaire et des personnels administratifs du service de l'intendance.

Organisation et fonctionnement général des services de l'artillerie, du génie et de santé.

II. — Voies et moyens de l'administration militaire.

Ressources financières. — Service des fonds.
Ressources immobilières. — Service du casernement.
Ressources mobilières : moyens d'approvisionnement.
Loi sur les réquisitions.

III. — Règles générales d'exécution et de comptabilité.

Exécution des services. — Gestion directe. — Entreprise.
Comptabilité en deniers.
Comptabilité en matières.

IV. — Fonctionnement des services ressortissant à l'intendance.

Service de la solde.
Service des subsistances militaires.
Service de l'habillement, campement, harnachement en dehors des corps de troupe.
Frais de déplacement, convois, transports ordinaires, transports généraux, transports maritimes.
Couchage, ameublement.

V. — Administration des corps de troupe et services divers.

Corps de troupe.
Ecoles militaires.
Etablissements de la justice militaire.
Service de la remonte.

CHAPITRE III.

RÈGLEMENTS GÉNÉRAUX DE L'ARMÉE

Service intérieur des corps de troupe.
Service dans les places de guerre et les villes ouvertes.
Service des armées en campagne.

PROGRAMME B.

Ire PARTIE.

ADMINISTRATION GÉNÉRALE ET ADMINISTRATION MILITAIRE EN TEMPS DE PAIX.

CHAPITRE Ier.

ADMINISTRATION MILITAIRE EN GÉNÉRAL.

Historique de l'administration militaire.
Historique du corps de l'intendance et des personnels administratifs.
Loi sur l'administration de l'armée.
Attributions du Ministre de la guerre. — Administration centrale.
Comités. — Commissions.
Notions sur l'organisation des divers services (Artillerie. Génie, Intendance, Poudres et salpêtres, Santé).
Organisation et fonctionnement du Contrôle.
Moyens matériels de l'administration militaire.
Ressources financières.
Ressources mobilières et immobilières.
Moyens d'approvisionnement en général.
Gestion directe et entreprise.
Des marchés. — Diverses divisions des marchés.
Des adjudications publiques.
Des cahiers des charges.
Cautionnements.
Marchés par défaut. — Mise en régie.
Marchés de gré à gré.
Achats divers ou sur simple facture.
Achats à commission. — Baux d'affermage.
Ventes.

CHAPITRE II.

NOTIONS DÉTAILLÉES SUR LE SERVICE DE L'INTENDANCE.

Composition et recrutement du corps de l'intendance.
Composition et recrutement du corps des officiers d'administration du service de l'intendance.
Cadre auxiliaire.
Sections de commis et ouvriers militaires d'administration

Attributions générales des fonctionnaires de l'intendance militaire.

Décret portant règlement pour l'exécution de la loi sur l'administration de l'armée, en ce qui concerne le service de l'intendance. — Instruction pour l'application de ce décret.

Organisation du service en temps de paix. — Directions de l'intendance. — Sous-intendances.

Suppléants des sous-intendants militaires.

De la rédaction des procès-verbaux.

Attributions particulières des fonctionnaires de l'intendance.

Rôle des sous-intendants militaires au conseil de revision, à la commission de réforme, etc.

Organisation d'une sous-intendance (personnel, bureaux, mobilier, imprimés, cachets, archives).

CHAPITRE III.

ADMINISTRATION DES CORPS DE TROUPE.

Règlements et instructions concernant l'administration des corps de troupe. — Corps spéciaux. — Ecoles. — Etablissements de répression.

Surveillance administrative.

Vérifications sur pièces et vérifications matérielles.

Rapports des sous-intendants avec les corps de troupe. — Feuilles de vérification. — Cas de contestation.

Registres cotés et paraphés par le sous-intendant militaire.

Visas des pièces et registres.

Opérations relatives aux services du matériel.

Centralisation. — Arrêté ministériel en séance du conseil.

Vérifications périodiques et vérifications inopinées de la caisse du conseil et de celle du trésorier.

Recensements.

Revues d'effectifs.

CHAPITRE IV.

SERVICE DES FONDS. — COMPTABILITÉ-DENIERS ET MATIÈRES.

Service des fonds.

Délégations et sous-délégations de crédits.

Paiements et justifications.

Des écritures de l'administration centrale et des ordonnateurs secondaires.

Des comptes.

Comptabilité des dépenses engagées.
Comptabilité des matières.
Matériel. — Nomenclature. — Classement.
Approvisionnements. — Réserve de guerre. — Service courant.
Direction, surveillance et contrôle des services du matériel.
De la responsabilité des ayants charge du matériel.
Des remises et reprises du service.
Des entrées, des sorties et de leur justification.
E mmagasinement et recensement du matériel.
Des livres, des écritures et des comptes.

CHAPITRE V.

SERVICE DE LA SOLDE.

Des droits à la solde.
De la solde proprement dite.
Accessoires de solde.
Indemnités.
Avantages attribués aux rengagements.
Des masses.
Prestations en nature.
Ordonnancement et paiement de la solde. — Officiers sans troupe.
Corps et détachements. — Militaires détachés.
Oppositions sur la solde.
Relevé trimestriel des mandats.
Dispositions spéciales lors de la mobilisation.
Régularisation des dépenses de la solde.

CHAPITRE VI.

SERVICE DES FRAIS DE DÉPLACEMENT. — CONVOIS. — TRANSPORTS

Service des frais de déplacement.
Convois sur les routes ordinaires.
Transports militaires par chemin de fer.
Convois par chemin de fer.
Transports ordinaires de matériel non accompagné.
Transports maritimes.
Transports intérieurs à la mobilisation.

CHAPITRE VII.

SERVICE DU COUCHAGE ET DE L'AMEUBLEMENT. — SERVICE DU
CASERNEMENT.

Organisation et fonctionnement du service des lits militaires (1).
Service du casernement.

IIe PARTIE.

SERVICES TECHNIQUES.

(Subsistances. — Habillement et campement. — Matériel spécial
des services administratifs.)

CHAPITRE Ier.

SERVICE DES SUBSISTANCES.

But du service des subsistances. — Ses grandes divisions.
Historique du service des subsistances en temps de paix.
Deux modes principaux d'exécution : gestion directe et entreprise. — Avantages et inconvénients de chacun d'eux.
Gestion directe. — Des gestionnaires. — Responsabilité. — Cautionnement. — Personnel en sous-ordre. — Bâtiments et locaux; — Objets mobiliers. — Exécution du service. — Réceptions. — Distributions. — Cessions. — Versements. — Pertes. — Déchets et avaries. — Commissions.
Entreprise. — Principales dispositions des cahiers des charges. — Surveillance des services à l'entreprise.
Comptabilité. — Gestion directe et entreprise.
Du blé. — Monographie du blé : espèces. — Conditions qu'il doit remplir. — Conservation. — Parasites : leur destruction.
Des moutures.
De la farine : diverses espèces. — Conditions qu'elle doit remplir. — Recherche du gluten. — Insectes : parasites ; leur destruction. — Conservation.
Fabrication du pain ordinaire. — Fabrication du pain biscuité. — Fabrication du pain de guerre.
Vivres-viande. — Appréciation de la qualité. — Procédés pour évaluer le poids du bétail. — Frigorifiques. — Conservation de la viande à court terme. — Conserves de viande. — Salaisons.

---

(1) La loi du 16 février 1907 a supprimé le service des lits militaires et a créé le service du couchage et de l'ameublement dans les troupes métropolitaines.

CHAPITRE II.

SERVICES DE L'HABILLEMENT, DU CAMPEMENT ET DU HARNACHEMENT.

CHAPITRE III.

NOTIONS DE TECHNOLOGIE.

Générateurs de vapeur. — Moteurs à gaz et à pétrole. — Machines et établissements frigorifiques.
Notions d'électricité industrielle.

IIIe PARTIE.

Administration en temps de guerre. — Alimentation. Ravitaillement.

CHAPITRE Ier.

ADMINISTRATION EN TEMPS DE GUERRE.

De l'administration aux armées. — Pouvoirs administratifs des officiers généraux. — Chefs supérieurs de service, leurs attributions à l'égard des corps d'armée et du service des étapes. — Services de l'intendance. — Délégation des crédits.

Administration et comptabilité des corps de troupe en campagne.

Service de l'habillement en temps de guerre.

Service de la trésorerie en campagne.

CHAPITRE II.

MOBILISATION.

De la mobilisation. — Administration des hommes des différentes catégories de réserve dans leurs foyers en vue de la mobilisation. — Affectation des hommes. — Rôle du service du recrutement et des corps de troupe. — Mode d'appel et mise en route des réservistes et des territoriaux, fascicule, ordre de route, paiement des indemnités de déplacement.

Affectation spéciale. — Non-disponibilité. — Hommes des services auxiliaires. — Mobilisation des corps de troupe. — Habillement des hommes.

CHAPITRE III.

ALIMENTATION.

Alimentation dans les centres de mobilisation.

Alimentation pendant les transports en chemin de fer, stations haltes-repas, infirmeries de gare.

Alimentation en campagne. — Action du commandement. — Attributions des fonctionnaires de l'intendance, intendants d'armée et de corps d'armée, sous-intendants. — Personnel d'exécution, officiers d'administration, officiers d'approvisionnement, train des équipages militaires. — Approvisionnements portés par les troupes ou à leur suite. — Des divers procédés d'alimentation et de ravitaillement. — Exploitation des ressources locales, nourriture chez l'habitant, achats, réquisitions. — Distribution aux troupes, vivres du jour, taux des rations, suppléments, substitutions. — Ravitaillement des trains régimentaires et des convois administratifs. — Alimentation et ravitaillement en pain, boulangeries de campagne. — Alimentation et ravitaillement en viande, service du bétail. — Dispositions spéciales pendant les marches en avant, les combats, les poursuites, les marches rétrogrades, les stationnements de longue durée. — Dispositions particulières à la cavalerie. — Ordres et instructions du commandement et des fonctionnaires de l'intendance en matière d'alimentation, notification des ordres du commandement.

CHAPITRE IV.

ORGANISATION ET FONCTIONNEMENT DES SERVICES DE L'ARRIÈRE.

Services de l'arrière, organisation générale du service des chemins de fer, du service des étapes, du service sur les voies navigables et des commandements territoriaux particuliers.

Organisation des lignes de communication reliant les armées avec le territoire national. — Organisation des routes d'étapes. — Fonctionnement des ravitaillements et évacuations quand il n'est pas organisé de route d'étapes, ravitaillement quotidien et non quotidien en vivres, colis particuliers des corps. — Ravitaillement et évacuations sur les routes d'étapes, service quotidien et non quotidien. — Du service de l'intendance dans les stations-magasins, dans les commandements d'étapes de gare régulatrice, aux gares origines d'étapes, aux têtes d'étapes, gîtes principaux d'étapes.

Transports stratégiques, définition et division de ces transports, ligne de démarcation, autorités qui ordonnent les transports stratégiques et qui les dirigent, titres de transport, tarifs, taxe de péage. — Fonctionnement du service du ravitaillement, rôle des gares de rassemblement, des stations-magasins, des stations de transition, des gares origines d'étapes.

Dispositions particulières aux transports, en temps de guerre, du matériel militaire sans troupe, demande d'ordres de transport, établissement des titres de transport, convoyeurs militaires.

Réquisitions en territoire national en cas de mobilisation totale ou partielle de l'armée, des prestations à fournir par voie de réquisition, logement et cantonnement, exécution des réquisitions, règlement des indemnités. — Dispositions particulières aux chevaux, mulets et voitures.

CHAPITRE V.

RAVITAILLEMENT.

I. — Organisation générale du service.

Organisation territoriale et permanente.
Organes permanents : autorités chargées du ravitaillement. — Comités départementaux. — Commissions de réception.

II. — Modes généraux d'exploitation des ressources.

Voie amiable.
Réquisitions.

III. — Préparation directe.

Détermination des besoins à satisfaire : armée. — Places fortes.
Réalisation des contingents.

IV. — Exécution.

Rôle des autorités chargées du ravitaillement.
Rôle des maires.
Rôle, opérations, écritures des commissions de réception.

V. — Cas particuliers.

Ravitaillements éventuels. } Préparation et exécution.
Ravitaillements intermittents. }

PROGRAMME C.

CHAPITRE Ier.

LÉGISLATION OUVRIÈRE.

1° *Organisation du travail.*

Contrat de travail. — Liberté du travail : principes de la liberté du travail; restrictions à cette liberté. — Apprentissage : contrat d'apprentissage; apprentissage à l'Ecole; écoles professionnelles. — Placements : bureaux de placement payants; bureaux et offices gratuits.

Contrat de louage d'ouvrage : preuve et rupture du contrat; délai de congé ; dispositions spéciales aux réservistes. — Règlements d'ateliers. — Contrat d'entreprise d'ouvrage; marchandage. — Salaires : modalités; payements; retenues et amendes. — Privilèges et garanties des salaires : insaisissabilité et incessibilité. — Sursalaires. — Participation aux bénéfices.

Régime spécial à certaines industries. — Conditions spéciales du travail dans les exploitations de l'Etat. — Conditions obligatoires pour les entreprises adjudicataires de l'Etat.

Réglementation du travail. — Historique de cette réglementation; réglementation en vigueur pour les enfants, les femmes et les adultes; établissements à travail mixte. — Durée du travail; travail de nuit; repos hebdomadaire; dérogations. — Travaux dangereux; surcharges. — Formalités et sanctions.

Prévention des accidents et des maladies professionnelles; hygiène et sécurité des ateliers et des magasins.

Inspection du travail; dispositions spéciales aux établissements de la guerre.

Groupements professionnels. — Syndicats professionnels; unions de syndicats ; bourses du travail. — Contrat collectif de travail. — Coalition, conciliation et arbitrage. — Coopération de consommation, de crédit et de production. — Sociétés ouvrières de production; conditions d'accès aux adjudications publiques; encouragements. — Conseils de prud'hommes. — Conseil du travail; conseil supérieur du travail.

2° *Assurances sociales.*

Régime de liberté et d'obligation; participation de l'ouvrier, du patron, de l'Etat.

Accidents. — Risques professionnels. — Entreprises assujetties; quotités, bases et conditions d'obtention des indemnités; procédure spéciale; fonctionnement et contrôle des assurances; couverture des insolvabilités et fonds de garantie.

Maladies. — Sociétés de secours mutuels. — Régime des différentes catégories de sociétés. — Sociétés approuvées : subventions; placements; taux privilégié d'intérêt; fonds commun. — Union; caisses autonomes. — Caisse de secours.

Vieillesse et invalidité. — Caisse nationale de retraites; attribution des majorations et bonifications de pensions. — Régime des caisses patronales de retraites. — Retraites des ouvriers mineurs. — Retraites des agents des compagnies de chemins de fer. — Retraites dans les exploitations de l'Etat et notamment dans les établissements de la guerre. — Bases générales des projets législatifs sur les retraites ouvrières.

Assurances et secours en matière de chômage. — Régime des assurances sur la vie. — Caisses d'épargne; conditions de dépôt; **gestion et placement des fonds.**

CHAPITRE II (supprimé) (1).

CHAPITRE III (supprimé) (2).

CHAPITRE IV.

DROIT PUBLIC. — DROIT INTERNATIONAL.

Les personnes du droit international. — Les Etats. — Caractères et divisions des Etats. — Origine, transformation et fin des Etats. — Droits et devoirs des Etats.

Les choses en droit international. — Choses susceptibles de propriété. — Territoire. — Choses non susceptibles de propriété. — Mers. — Navigation. — Eaux territoriales. — Eaux étrangères.

Les rapports internationaux dans l'état de paix. — Représentants des Etats dans leurs relations internationales. — Souverains. — Agents diplomatiques et consulaires. — Relations juridiques des Etats. — Traités. — Arbitrage. — Des obli-

---

(1) Circulaire du 11 avril 1910, *B. O.*, p. 637.
(2) Circulaire du 11 avril 1910, *B. O.*, p. 637.

gations internationales formées sans convention. — Responsabilité des Etats. — Le conflit des Etats ou litiges internationaux. — Solutions pacifiques. — Solutions violentes. — Représailles.

De la guerre. — Déclaration de guerre. — Hostilités. — Conventions de Genève et de Saint-Pétersbourg et conférence de La Haye. — Rapports conventionnels des belligérants. — Effets de l'occupation militaire. — Fin de la guerre. — Préliminaires et traité de paix. — De la guerre maritime. — Courses. — Prises. — De la neutralité. — Droits et devoirs des neutres. — Contrebande de guerre. — Blocus.

CHAPITRE V.

MATIÈRES BUDGÉTAIRES.

Des formes budgétaires en général.

Diverses espèces de crédits.

Des crédits additionnels en particulier. — Leur rôle. — Leur ouverture.

Notions générales sur les budgets extraordinaires. — Leur but. — Leur mode d'emploi.

Des crédits ouverts sans l'intervention des pouvoirs législatifs.

De la règle de l'annalité. — Sa portée. — Ses applications. — Ses exceptions.

De l'exercice. — Ses limites. — Sa prolongation.

De la Trésorerie. — Son but. — Ressources au moyen desquelles le Trésor remplit sa mission.

Notions générales sur la liquidation. — Autorités investies du droit de liquider.

De l'ordonnancement. — Son mécanisme. — Ses formes. — Sa portée juridique.

Des pièces de dépense et des pièces de payement. — Leur mode d'établissement.

Des oppositions pratiquées aux caisses publiques. — Leur valeur. — Leur étendue.

Notions générales sur les arrêtés de débet. — Leur valeur juridique suivant l'espèce.

Notions générales sur les contraintes délivrées par les receveurs des administrations financières.

Des quittances à souche et des récépissés à talon. — Leur but et leur valeur propre.

Indications générales sur les diverses responsabilités encourues par les comptables.

Des juridictions appelées à connaître des actes des comptables.

Mode de présentation des comptes.

MINISTÈRE
DE LA GUERRE.

5ᵉ DIRECTION.

INTENDANCE MILITAIRE.

NOTA. — Un état spé-
cial est établi pour chaque
candidat.
  Y joindre une copie certifiée du feuillet *complet*
du personnel.

ᵉ CORPS D'ARMÉE.

ÉTAT

*de présentation pour l'admission dans le corps de l'intendance
militaire, avec le grade d (1)*

M. (2)

(1) Adjoint à l'intendance (état à fournir pour le 15 juin).
  Sous-intendant de 3ᵉ classe } (état à fournir pour le 15 octobre).
  Sous-intendant de 2ᵉ classe }
(2) Nom et grade du candidat.

NOM ET PRÉNOMS.	GRADE, CORPS OU SERVICE	DATE DE LA NOMINATION au grade.

DURÉE DES SERVICES au 31 décembre de l'année courante. DÉTAIL DES CAMPAGNES et blessures.	APPRÉCIATION DU GÉNÉRAL COMMANDANT LE CORPS D'ARMÉE.

A   , le   19   .

Le Général commandant le corps d'armée,

Paris et Limoges. — Imprimerie militaire Henri CHARLES-LAVAUZELLE